LE DÉVELOPPEMENT
DU SOCIALISME D'ÉTAT

ET

LE RACHAT DES CHEMINS DE FER

PAR

Paul LEROY-BEAULIEU

Membre de l'Institut,
Rédacteur en chef de l'*Économiste Français*.

Extrait de l'ÉCONOMISTE FRANÇAIS *des 26 juillet,*

2 août et 29 novembre 1879

PARIS

IMPRIMERIE F. DEBONS ET Cᵉ

16, RUE DU CROISSANT

1880

LE DÉVELOPPEMENT

DU SOCIALISME D'ÉTAT

ET

LE RACHAT DES CHEMINS DE FER

PAR

Paul LEROY-BEAULIEU

Membre de l'Institut,
Rédacteur en chef de l'*Économiste Français*.

Extrait de l'ÉCONOMISTE FRANÇAIS *des* 26 *juillet*,
2 *août et* 29 *novembre* 1879.

PARIS

IMPRIMERIE F. DEBONS ET Cᵉ

16, RUE DU CROISSANT

—

1880

LE DÉVELOPPEMENT

DU SOCIALISME D'ÉTAT

ET

LE RACHAT DES CHEMINS DE FER

I

Le développement du socialisme d'État [1]

L'opinion publique saisit avec la plus grande at-
tention les moindres symptômes du socialisme anarchique : celui qui, de temps à autre, fait explosion dans
des réunions d'ouvriers, comme le Congrès de Mar-
seille. Mais elle montre beaucoup moins de sagacité,
beaucoup plus d'indifférence pour les signes précur-

---

1. Cette étude a paru dans l'*Économiste français* du
29 novembre 1879.

sours d'un socialisme plus insidieux, de physionomie moins rébarbative, et cependant, au fond, tout aussi dangereux : nous voulons parler du socialisme exercé par l'État.

L'État est une si grande puissance, c'est une association qui a tant d'agents, tant de moyens d'informations, à laquelle on suppose une impartialité si absolue, une sagesse si infaillible, une vigilance tellement à l'abri de toute défaillance, qu'on ne doit pas s'étonner que beaucoup d'hommes veuillent faire de l'État le moteur principal, presque unique de tout progrès. Est-ce qu'on ne pourrait pas remplacer par l'État toutes les associations libres, toutes celles du moins qui ont un très-vaste champ d'action et qui opèrent sur de grandes masses? L'État a, d'ailleurs, et par surérogation, un mérite particulier qu'aucune association ne possède : il jouit de la force coercitive ; il ne conseille pas seulement, il ordonne, il oblige ; il peut généraliser par décret, avec l'aide des percepteurs d'un côté, et de la gendarmerie de l'autre, toutes les bonnes habitudes. Pourquoi supporter les lenteurs inévitables, les délais nombreux de toute œuvre sociale qui n'a d'autres agents de propagande que la persuasion et l'éducation, quand d'un mot, d'un ordre, — car les mots prononcés par l'État sont des ordres, — on peut rendre tous les ouvriers prévoyants, tous les patrons bienveillants, tous les commerçants honnêtes?

Nous ne craignons pas de le dire : le socialisme d'État devient très-menaçant, il grandit dans ses prétentions, et peu à peu quelques-unes de ces prétentions deviennent des réalités. Nous analysions, il y a quelque temps, le programme de M. Louis Blanc, ou plutôt les préliminaires du programme de M. Louis Blanc, car après avoir obtenu les premières concessions qu'il réclame, l'honorable chef de l'extrême gauche en réclamerait sans doute bien davantage. Ces préliminaires tenaient en peu d'articles : le rachat et l'exploitation des chemins de fer par l'État ; puis le rachat et l'exploitation par l'État des assurances, le rachat et l'exploitation par l'État des mines ; la nationalisation (voilà un mot barbare, mais le socialisme est obligé d'en créer beaucoup de ce genre) de la Banque de France, enfin la commandite de l'État pour toutes les associations ouvrières qui jugeraient à propos de s'établir. A ces quelques demandes, un de nos correspondants, M. Limousin, en joint une autre : l'assurance obligatoire sur la vie, la retenue forcée sur les salaires de toutes sortes.

Voilà un programme attrayant! Plusieurs États européens semblent vouloir s'y engager. Sans doute,

ils ne l'adoptent pas en bloc, ne le proclament pas so-
lennellement : cela inquiéterait le pays et leur ferait
peur à eux-mêmes ; peut-être d'ailleurs ne se ren-
dent-ils pas bien compte du chemin qu'ils seront obligés de faire. Ils mettent néanmoins le doigt dans un
engrenage qui les prendra tout entiers. Une de ces
mesures qui nous paraissent l'inauguration formelle
du socialisme d'État, c'est le rachat et l'exploitation
de tous les chemins de fer par l'État. Ce plan s'exé-
cute en Allemagne, sous la haute direction de M. de
Bismarck, avec le concours de tous les députés conservateurs, et malgré l'opposition de tous les députés
libéraux. En France les mêmes vues tendent à prendre faveur dans le monde parlementaire ; mais chez
nous ce sont les députés conservateurs et la fraction
la plus modérée du parti républicain qui s'opposent
au rachat des chemins de fer ; les groupes avancés de
la majorité y poussent, au contraire, de tout leur
pouvoir. Le gouvernement est inquiet devant une
mesure si grosse : il cherche à l'ajourner. Toujours
est-il que sur 33 membres qui composent la Commission spéciale nommée à cet effet, 32 sont favorables
au rachat ; un seul, M. Ribot, homme de mérite et de
courage, y est opposé.

Nos lecteurs n'attendent pas que de nouveau nous

traitions en ce moment cette grave question du rachat
des chemins de fer. Ce que nous examinons dans cet
article, c'est l'enchaînement des mesures qui s'impo-
sera aux États européens s'ils n'y prennent garde, s'ils
inaugurent une politique imprévoyante, celle de l'extension des attributions de l'État. Le mot célèbre, le
dicton de la sagesse antique, *Principis obsta*, ne mé-
rita jamais davantage d'être pris en considération.

Le grand chancelier de l'empire d'Allemagne, M. de
Bismarck, est sur le point de faire un nouveau pas
dans cette voie fatale, glissante, entraînante du socialisme d'État. Ne pouvant plus faire de conquêtes à
l'extérieur, ou rassasié de triomphes de ce côté,
M. de Bismarck veut faire des conquêtes à l'intérieur. Arracher à l'industrie privée et aux associations
libres, attribuer à la bureaucratie de vastes domaines
d'action, c'est encore agir en conquérant. Les journaux nous ont appris que le chancelier de l'Empire,
dans sa solitude de Varzin, n'ayant pas encore complétement exécuté son grand plan du rachat des chemins de fer par l'État, veut racheter, exproprier les
Compagnies d'assurances et faire exploiter par l'État,
à titre de monopole, cette grande industrie.

Certes, il ne nous échappe pas que les arguments
ne manquent point en faveur du rachat et de l'exploi-

lation des assurances par l'État. Un professeur bien
connu de l'Université de Berlin, M. Wagner, a été
appelé à Varzin pour fournir sur ce point à M. de
Bismarck des arguments d'ordre scientifique. Mon
Dieu! il n'est pas besoin d'une rare perspicacité pour
découvrir à ce plan quelques avantages. Au lieu de la
multitude d'agents qui se font entre eux une concur-
rence effrénée, et auxquels les Compagnies accordent
des primes chaque jour croissantes, l'État aurait ses
fonctionnaires habituels dans chaque arrondissement
et dans chaque canton; le contrôleur, le percepteur,
le receveur de l'enregistrement, le conservateur des
hypothèques, tout ce monde, en y adjoignant quelques employés auxiliaires, recueilleraient facilement
et enregistreraient les assurances. Il y aurait une
très-grande économie de personnel et de frais; cela
est vrai, cela du moins serait vrai dans la première pé-
riode d'organisation; car, à la longue, sous la pression
du favoritisme, qu'aucun régime n'évite, les adminis
trations de l'État finissent toujours par avoir plus d'employés, plus de formalités qu'il n'est nécessaire. On
oublie, d'ailleurs, que ces agents d'assurances, dont
on compte jusqu'à une demi-douzaine ou une douzaine
dans une petite ville, ont d'autres occupations, qu'ils
vivent, d'ordinaire, d'un autre métier, qu'ils sont ar-

chitectes, régisseurs, experts, propriétaires-exploitants, que c'est à leurs heures perdues qu'ils s'occupent d'assurances.

A l'économie d'agents, les partisans du rachat et de l'exploitation des assurances par l'État, joignent d'autres arguments : la diversité des tarifs disparaîtra, il y aura beaucoup plus d'uniformité dans les primes, plus de sécurité aussi pour l'assuré, car, quelle que soit la solidité de la plupart des Compagnies, il peut s'en trouver, notamment pour la branche *vie*, qui soient insolvables. Qui, mieux que l'État, peut recueillir et conserver les épargnes que le travailleur destine à sa vieillesse ou à ses enfants? D'ailleurs, l'assurance par l'État ne resterait pas longtemps facultative pour les assurés; elle deviendrait bientôt obligatoire. Chacun devrait être assuré contre l'incendie, contre la grêle, contre les accidents, sur la vie. M. Limousin recevrait satisfaction. Le contrôleur, dans sa tournée d'inspection, fixerait le minimum d'assurance que chacun doit payer, et le porteur de contraintes, le garnisaire sauraient bien triompher des récalcitrants. Quelle sécurité n'y aurait-il pas en France quand tous les risques terrestres et humains seraient assurés ainsi par la grande association, douée de force coercitive, qui s'appelle l'État!

Nous ne nions pas que ce régime n'ait quelques beaux côtés : tout en a dans ce monde. Nous nous demandons seulement ce que deviendrait en tout cela la liberté ; si le citoyen, avec ces nouvelles servitudes, ces nouveaux fonctionnaires, ces nouvelles obligations légales, ne se trouverait pas souvent mal à son aise, et s'il ne regretterait pas l'ancienne anarchie de l'assurance facultative. Le point délicat, en outre, dans ce système d'assurances par l'État, ce serait le règlement des sinistres. L'État est un terrible plaideur avec lequel les gens prudents évitent d'avoir un litige ; les contestations avec lui sont malaisées et inégales ; il a toujours à la bouche le *Nominor Leo ;* les monstruosités de notre législation sur l'enregistrement et même sur les contributions indirectes en sont la preuve. Puis l'impartialité de l'État, au milieu de l'acrimonie de nos luttes politiques, commence à être mise en suspicion. Nous aimons beaucoup mieux, quant à nous, pour le règlement d'un sinistre, avoir affaire à une Compagnie privée, quelle qu'elle soit, qu'à l'État. L'État tient trop de la nature du lion, parfois aussi de celle du renard ; mais d'un renard qui se sent une force prépotente.

N'insistons pas sur ce sujet du rachat par l'État des assurances. Un jour, peut-être, nous y reviendrons.

Quoi qu'il en soit, si l'État rachète les chemins de
fer, nous ne voyons pas pourquoi il ne rachèterait pas
les assurances, et s'il rachète les assurances, nous
comprendrions difficilement qu'il ne rachetât pas les
mines. En faveur de cette dernière mesure, on ne
serait pas non plus en peine d'arguments. « Les mines,
le tréfonds, dirait-on, quelle propriété plus nationale
que celle-là! Le vieux droit en faisait la propriété du
roi, et il avait raison, car une mine sort toute faite
des mains de la nature, et, en dépit de Bastiat,
l'homme n'a pas fait le charbon qu'il extrait du sol.
Quelle est la propriété, d'ailleurs, dont la prudente
exploitation, l'intelligent aménagement importent plus
à la nation? Les générations futures sont intéressées
à ce que l'on ne gaspille pas, l'on n'épuise pas préma-
turément les mines. Si quelque concessionnaire ma-
ladroit laisse les eaux envahir une houillère, s'il per-
met à l'incendie de s'y mettre, voilà toute une richesse qui est perdue pour le pays, et non-seulement
pour le présent, mais pour l'avenir. Il faut soustraire
les mines au régime anarchique, à l'exploitation abu-
sive, à l'exploitation propriétaire, comme dit Proudhon. Rachetons donc les mines, et que l'État, le seul
être désintéressé, le seul être éternel, les exploite au
profit des générations présentes et des générations

futures. » Ceux qui auront fait racheter par l'Etat les
chemins de fer, puis les assurances, seront bien en
peine de répondre à ce discours. Jusqu'ici, ce qui re-
tenait l'Etat dans cette voie de l'expropriation et de
l'accaparement, c'était la sainte, la superstitieuse terreur qu'il éprouvait pour toute extension de ses attributions, pour toute suppression de l'initiative privée. Vous enlevez cette terreur que vous appelez une
superstition, soit: mais vous allez voir combien en
peu de temps le rôle de l'Etat va se trouver changé,
combien la situation respective de l'individu et de
l'Etat va être renversée. L'Etat prussien a beaucoup
de mines et on ne voit pas que ses finances aillent
beaucoup mieux ; l'Etat français n'en exploite pas une
seule, et ses finances vont fort bien. Quand un Etat
exploitera les chemins de fer, les assurances, les
mines et bien d'autres choses que nous allons énu-
mérer, nous ne savons s'il existera encore un régime
parlementaire ou représentatif, mais ce que nous savons fort bien, c'est qu'il sera impossible de faire un
budget de prévision.

Poursuivons : M. de Bismarck est un très-grand
esprit qui, nous l'avons dit, repu de conquêtes exté-
rieures, fait des conquêtes à l'intérieur. Mais Lassalle, Proudhon et M. Louis Blanc sont doués pour

ces objets de plus de pénétration et de plus de lo-
gique que M. de Bismarck. Voici l'Etat en possession
des chemins de fer, des assurances et des mines ;
pourrait-on comprendre qu'il ne se mêlât pas du crédit, ce grand instrument de richesse ? Le crédit ne
doit plus être un monopole, s'écrient en chœur nos
socialistes ; le crédit ne doit plus avoir une *vertu pau-
périfiante*, c'est le mot de Proudhon ; le crédit doit être
un instrument d'égalité. Il existe des banques dites nationales, c'est un faux nom et un faux nez, par lequel
ces établissements en imposent au public. Que l'Etat
nationalise vraiment ces banques et qu'il distribue le
crédit à ceux qui le méritent, particulièrement aux
prolétaires qui sont les hommes en ayant le plus besoin et y ayant le plus de droits. Franchement, in-
vesti des assurances, des chemins de fer et des mines,
l'Etat pourrait bien aussi faire l'escompte. N'est-il
pas naturellement impartial, n'a-t-il pas tous les
moyens d'information ? Comment peut-on admettre
qu'une banque privée s'arroge le droit de changer du
jour au lendemain le taux de l'intérêt dans tout le
pays? L'Etat seul est assez éclairé et assez désintéressé pour prendre sans inconvénient l'initiative de
semblables mesures.

M. de Bismarck, dans un discours au Parlement, il

y a deux ou trois ans, racontait qu'il avait eu une en-
trevue avec le célèbre socialiste allemand Lassalle :
qu'ils n'avaient pu s'entendre entre eux, mais que la
conversation de cet homme *genial* (suivant une heu-
reuse expression anglaise) lui en avait plus appris
que les radotages des économistes. Nous n'avons pas
sous les yeux le texte du discours du chancelier ; aussi
nous ne le citons que de mémoire, en donnant le sens
approximatif, non les paroles. Lassalle demandait que
l'Etat commanditât les associations ouvrières ; en
procédant graduellement, quelques centaines de millions de francs feraient les premiers fonds [1]. Qu'est-ce
que cela ! un orateur irlandais ne sommait-il pas l'Angleterre, il y a quelques jours, d'employer cinq ou six
milliards à racheter le sol de l'Irlande ! Stuart Mill
lui-même, le grand Stuart Mill, n'invitait-il pas la
Grande-Bretagne à racheter le sol aux propriétaires
pour l'affermer à des Sociétés coopératives? Un autre
économiste bien connu, M. de Laveleye, ne propo-

---

1. On sait qu'en France des subventions de l'Etat à des
Sociétés coopératives ont été données à deux reprises, après
la Révolution de 1848 et sous le second Empire. Les résultats n'ont pas été assez encourageants pour porter à généraliser ce système; mais les circonstances ont changé, dira-
t-on. — L'homme a-t-il changé? répondrons-nous.

sait-il pas de mettre une taxe surérogatoire sur les successions, afin de racheter la terre aux propriétaires et de la remettre en commun ? Un troisième économiste encore, celui-là même que M. de Bismarck appelle en ce moment à Varzin pour le consulter sur le rachat des assurances, le professeur Wagner serait d'avis (nous citons en seconde main, aussi nous mettons le conditionnel) que la propriété des immeubles urbains, des maisons d'habitation fût commune.

Prenez patience : quand l'Etat aura racheté et qu'il exploitera les chemins de fer, les assurances, les mines, les banques, on en verra bien d'autres. Quand on a découvert et qu'on applique un principe nouveau, de conséquence en conséquence, on va loin ; on épuise tout ce qu'il contient. Il y a quelques mois, le peuple d'un canton suisse, Zurich, si nous ne nous trompons, était consulté dans ses comices sur le point de savoir si le commerce du blé devait être confié comme un monopole à l'Etat. La nation zurichoise est encore tellement sous le joug des anciennes idées qu'elle repoussa cette proposition, mais il y eut en faveur de l'affirmative une forte minorité. Mon Dieu ! puisque l'Etat est si habile, si désintéressé, pourquoi ne se mêlerait-il pas du commerce du blé, de même que des assurances, des mines, de la banque? N'est-ce pas de sa part un crime que de tolérer l'anarchie actuelle du commerce de la boulangerie et de la boucherie? Ah! autrefois, quand on croyait que l'Etat ne devait pas être industriel, qu'il n'avait pas de vocation pour le négoce, on comprenait que l'Etat ne se mêlât pas de tous ces commerces de première nécessité; mais aujourd'hui il doit en être autrement.

Nous avons voulu esquisser ici tous les empiètements successifs auxquels l'Etat et les municipalités se verront bientôt obligés, s'ils n'y prennent garde. Oh! tout cela ne se fera pas du premier coup : ce sera progressif, graduel. Si les doctrines officielles qui dominent en Allemagne et qui commencent à s'introduire dans notre Parlement font des progrès, Lassalle et M. Louis Blanc auront le dernier mot. L'humanité s'en portera-t-elle mieux? sera-t-elle mieux nourrie, mieux vêtue, mieux logée? aura-t-elle moins de sentiments d'aigreur, d'envie? sera-ce le règne de la fraternité et de l'égalité? Dieu le veuille! ce ne sera pas, à coup sûr, celui de la liberté. Les hommes ayant quelque esprit d'initiative, quelque goût de l'indépendance et ne se souciant pas d'être à chaque instant de la journée en rapport avec le contrôleur,

le percepteur, le porteur de contraintes et le garnisaire, iront sans doute chercher au delà de l'Océan, ou
sous les Tropiques, quelque Société où l'Etat soit un
personnage plus modeste et moins encombrant.

II

Le rachat des chemins de fer. — L'attitude des libéraux allemands et celle des députés français [1]

Il y a dix-huit mois nous combattions ici avec une infatigable ténacité le projet de rachat de 1.600 kilomètres de chemins de fer par l'Etat : opération désastreuse pour les finances françaises, disions-nous; opération nuisible aussi à la liberté politique et à l'indépendance des citoyens, car en étendant outre mesure l'action, la puissance du gouvernement, elle lui donne de nouveaux moyens de pression ou de corruption. Avions-nous tort en soutenant cette thèse? Plus nous y réfléchissons, plus les faits se déroulent avec leurs conséquences prévues et naturelles, plus nous nous félicitons de nous être opposé au principe du rachat

_____

1. Cette étude a paru dans l'_Économiste français_ du 26 juillet 1879.

des chemins de fer par l'Etat, plus nous tenons à honneur de continuer cette lutte. Français, vous payez à l'heure actuelle 25 millions d'impôts inutiles, uniquement parce qu'il a plu à nos ministres d'il y a un an et à nos Chambres de racheter, au prix de construction, les lignes des Charentes, de la Vendée, d'Orléans à Rouen, d'Orléans à Châlons, etc. Voyez quel merveilleux usage on fait de vos finances ; on force les contribuables à payer chaque année aux rentiers 68 millions, qu'ils ne doivent pas, en retardant la conversion ; on force encore ces pauvres hères de contribuables à payer 25 millions de francs pour l'intérêt du prix de rachat de lignes de chemins de fer qui font à peine leurs frais d'exploitation ; et voilà ce que l'on appelle au couchant du XIXe siècle, 90 ans après la Révolution française, gouverner économiquement et démocratiquement !

Que rapportent, en effet, les 1.591 kilomètres actuellement exploités des chemins de fer de l'Etat, ces lignes achetées avec l'argent des contribuables ? Jetez les yeux sur le tableau qui se trouve à la fin de notre numéro, et vous verrez combien mince est le produit brut. Pendant le premier semestre de 1879 il s'est élevé à 6 millions 799.000 francs, soit un peu plus de 4.000 fr. par kilomètre ; en tenant compte de ce que

le deuxième semestre est en général de 15 0/0 plus
productif que le premier, on arrive à une moyenne de
9.000 francs environ de produit brut par kilomètre
pour le réseau de l'Etat, ce qui laisse supposer à
grand'peine 1.500 fr. ou 2.000 fr. de produit net ; or,
ces lignes ont coûté quelque chose comme 200.000
francs par kilomètre.

Ce gaspillage des deniers publics n'est toutefois qu'un début. Nous l'avions prévu et annoncé, il y
a dix-huit mois : du moment que l'Etat fait aux actionnaires et aux obligataires de certaines lignes tom-
bées en faillite ou en déconfiture la faveur de les racheter, il devra successivement racheter toutes les
mauvaises lignes de France, et cela le mènera loin.
Tous les hommes de sens entrevoyaient nettement, il
y a dix-huit mois, cette nécessaire conséquence du
principe que l'on appliquait sans oser cependant le
proclamer. M. le ministre des travaux publics se ré-
criait ; il déclarait que le gouvernement n'avait nulle-
ment la pensée de racheter d'autres lignes, que rien
n'était à craindre de ce côté. Tel était le langage mi-
nistériel alors ; quels sont les faits aujourd'hui? Le
gouvernement est en train de racheter la ligne de
Sedan à Lérouville qui ne fait pas ses frais d'exploitation ou qui a grand'peine à les faire ; avec 143 kilo-

mètres, elle n'a donné, dans le premier semestre de
cette année, qu'un produit brut de 378.000 fr., ce qui
ne laisse guère espérer que 5.000 fr. de recettes brutes kilométriques annuelles. Est-ce tout? Non, certes.
L'Etat est en pourparlers avec la Compagnie d'Orléans à Châlons, dont il a acquis, l'an dernier, une
partie du réseau, pour lui acheter ses lignes du dé-
partement de l'Eure. Est-ce tout, cette fois? Pas encore. L'Etat est en train de racheter la petite ligne de
Vitré à Fougères qui a 81 kilomètres et qui, grâce à
une économie étonnante dans l'exploitation, trouve le
moyen de payer ses obligations avec un produit brut
de moins de 7.000 fr. par kilomètre. L'Etat se pro-
pose aussi d'acquérir le petit chemin de fer de Lisieux
à Orbec, qui a un peu plus de 20 kilomètres, et qui ne
fait que 7 ou 800 fr. de recettes nettes par kilomètre,
le cinquième de ce qu'il lui faudrait pour payer l'intérêt de ses obligations. L'Etat doit aussi acheter,
affirme-t-on, les chemins de fer de la Seudre, qui sont
beaucoup plus étendus et dont les recettes brutes
sont un peu inférieures aux frais d'exploitation. Il
paraîtrait aussi que l'Etat a des visées sur le chemin
de fer d'Épinac au canal de Bourgogne. Enfin l'Etat
ne demanderait pas mieux que de racheter, moyennant le prix d'établissement, le chemin de fer de Per-

pignan à Prades qui, lui, est une excellente ligne, donnant un produit brut juste double du produit brut moyen des chemins de fer actuels de l'Etat. Cette fois le gouvernement ferait une bonne affaire, une trop bonne affaire même, car il ferait subir une perte notable aux obligataires de cette petite ligne tombée en faillite. Telle est la singulière justice de l'Etat : il rachète au même prix de petites lignes qui ont une recette brute de 5.000 ou 6.000 fr. par kilomètre, comme le Sedan à Lérouville, le Lisieux à Orbec, les chemins de la Seudre, et d'autres lignes beaucoup plus productives, comme le Perpignan à Prades, qui donnent 17.000 fr. par kilomètre. L'Etat enrichit indûment les uns, ruine indûment les autres ; il fait des faveurs à ceux-ci, il impose en quelque sorte une spoliation à ceux-là. Tel est le singulier rôle que joue l'Etat français à l'heure actuelle.

On le voit par ce rapide aperçu, qui probablement est encore incomplet, l'Etat est en train de racheter de petits chemins de fer partout, en Normandie, en Bretagne, en Lorraine, dans la Gironde, aux Pyrénées. Petit poisson deviendra grand ; le petit réseau de l'Etat deviendra un grand réseau. Le gouvernement s'est approprié la méthode de M. Philippart ; partout où il trouve un tronçon, quels qu'en soient la longueur et le rendement, il se l'adjuge. L'Etat est devenu le successeur de M. Philippart; il s'inspire de ses maximes; il le prend pour modèle; pourquoi donc poursuit-on M. Philippart devant les tribunaux? C'est que M. Philippart agissait avec l'argent des obligataires. Eh bien! et l'Etat, avec quel argent agit-il? avec celui des contribuables. Quelle différence faites-vous entre gaspiller l'argent des contribuables et gaspiller l'argent des obligataires? En vérité, nous ne saurions assez nous étonner de l'injustice des hommes. Puisque ce sont les projets de M. Philippart qui ont la faveur du gouvernement, pourquoi ne fait on pas M. Philippart ministre des travaux publics? Il a conçu le plan, il pourrait bien l'exécuter : *He is genial,* comme disent les Anglais. Mais M. Philippart est Belge, mais il est failli; qu'à cela ne tienne; nous vivons dans un temps de clémence et de cosmopolitisme; qu'on réhabilite M. Philippart et qu'on lui donne des lettres de grande naturalisation, alors il pourra être ministre des travaux publics en France.

Si les doctrines de M. Philippart règnent dans le gouvernement en matière de travaux publics et de chemins de fer, elles ont autant d'ascendant à la Chambre. Un député du Gers, M. Jean David, a dé-

posé une proposition de loi relative à des remanie-
ments considérables à apporter à notre régime de
chemins de fer. La Chambre a saisi avec joie cette
occasion de faire un grand programme : elle a nommé
une commission, ce que nous appellerons une com-
mission-monstre, composée de 33 membres comme
la commission du budget ; vous savez que plus on est
nombreux, plus on a de chance de faire de la besogne
mal digérée. Sur ces 33 membres, il y en a 32 qui,
paraît-il, se sont déclarés pour le rachat de tous les
chemins de fer par l'Etat dans un temps très-prochain,
et notamment pour le rachat immédiat des 4.327 kilomètres de la Compagnie d'Orléans. Reste le 33ᵉ membre, celui-ci, nous le nommerons, parce que c'est un
homme de beaucoup de talent et d'un rare courage,
que nous trouvons souvent sur la brèche quand il
s'agit de défendre les bonnes, judicieuses et libérales
doctrines, M. Ribot. Ce trente-troisième membre a
déclaré qu'il est opposé au rachat et à l'exploitation
des chemins de fer par l'Etat, mais que l'opinion de
son bureau est tout autre que la sienne, et qu'il n'a
été nommé que par conciliation, pour que l'avis de la
minorité fût représenté dans la commission. Voilà
donc un fait sur lequel il ne peut y avoir de contesta-
tion : la Chambre actuelle est, en grande majorité,

favorable au rachat et même à l'exploitation des chemins de fer par l'Etat.

On sait ce que nous pensons de l'incompétence et de l'ignorance de la Chambre des députés dans les questions économiques. Cette Chambre est, à la fois, d'une pusillanimité et d'une témérité inouïes. Elle ne sait pas, elle ne veut pas, elle n'ose pas prendre les décisions les plus simples et les plus utiles, comme le renouvellement des traités de commerce, comme la conversion du 5 0/0; sa science et son courage ne sont pas à la hauteur de semblables projets; mais quant à racheter vingt et quelques mille kilomètres de chemins de fer, elle n'hésitera pas. Si vous lui parlez de restituer aux contribuables 68 millions de francs par année, en substituant une rente 4 0/0 à la rente 5 0/0 qui est de 18 fr. au-dessus du taux de remboursement, elle hésitera, elle tremblera, elle dira que c'est une bien grande affaire, que le moment n'est peut-être pas opportun. Mais s'il s'agit d'ajouter 10 milliards à la dette de la France, qui est déjà de 26 milliards, oh! alors elle n'hésitera pas un instant, elle s'écriera que c'est fort peu de chose, que rien n'est plus aisé. S'il s'agit de renouveler les traités de commerce, de faire un nouveau tarif de douanes, la Chambre ne pourra pas aboutir; elle se perdra dans des discussions inextricables ; mais s'il est question de faire administrer par l'Etat tous les chemins de fer, de lui attribuer la fixation de tous les tarifs, immédiatement la Chambre trouvera que rien n'est plus facile et que c'est un jeu d'enfant. Ainsi une extrême pusillanimité en présence des affaires ordinaires et courantes, comme le renouvellement des traités de commerce et la conversion ; une extrême témérité devant les affaires extraordinaires et immenses comme le rachat des chemins de fer par l'Etat, tels sont les deux caractères de notre Chambre des députés. C'est ainsi que sont faits les enfants et les ignorants : des difficultés vulgaires les effraient et les découragent ; ils se croient, au contraire, en état de résoudre sans réflexion et sans effort des problèmes insurmontables.

Le rachat des chemins par l'Etat soulève bien des questions : questions économiques, questions financières, questions politiques. Disons un mot seulement de ces dernières. Nous avons donné pour soustitre à cet article : . Les libéraux français et les libéraux allemands. C'est qu'en effet le récent manifeste électoral des membres progressistes de la Chambre des députés de Prusse fait singulièrement ressortir le contraste de l'attitude des libéraux français et des libéraux allemands en cette matière. Nous extrayons le passage suivant de ce manifeste qui a paru dans le *Journal des Débats* du 21 juillet dernier :

« La bureaucratie s'attaque aux lois à peine en vigueur
« qui consacraient l'indépendance de l'administration, au
« lieu de donner à ces lois le perfectionnement et le com-
« plément qu'elles comportent. Déjà les décisions du
« Reichstag ont imposé à la nation et en particulier aux
« classes les moins aisées tout un fardeau nouveau de taxes
« lourdes à porter ; d'autres projets de taxes sont en pers-
« pective, et néanmoins *les finances de la Prusse vont se trou-*
« *ver placées sur une base de moins en moins certaine, car*
« *on est en quête d'une majorité docile qui consente à voter*
« *l'achat de toutes les lignes de chemins de fer privés, pour*
« *les faire entrer dans le réseau des chemins de fer de l'État.*
« *Ainsi on donnerait à l'État et à son gouvernement actuel*
« *une puissance qui serait fatalement désastreuse, tant au*
« *point de vue du développement économique normal qu'à celui*
« *de la liberté politique.* »

Nous ne craignons pas de le dire, voilà la bonne et pure doctrine libérale : donner à l'État l'exploitation des chemins de fer, c'est lui attribuer les plus grands moyens de séduction, de corruption, de pression. C'est faire directement dépendre de lui 250.000 employés nouveaux ; c'est indirectement mettre entre ses mains, par le jeu des tarifs, les intérêts de catégories nombreuses de commerçants ; c'est lui permettre d'influer d'une manière redoutable sur les votes.

Il faut à la liberté des garanties. Il est notoire que plus les attributions de l'État sont étendues, plus l'indépendance du citoyen est menacée. Les seuls pays qui soient parvenus à conserver intacts pendant plusieurs générations les libertés politiques et le régime représentatif sont les pays où l'État a eu le bon sens de se mettre à la portion congrue, et de pratiquer le plus possible le régime d'abstention dans toutes les sphères où pouvait se mouvoir l'initiative privée : l'Angleterre et les États-Unis en sont la preuve. Dans un pays où un nombre infini d'existences dépendent, au contraire, du gouvernement, la liberté politique réelle ne peut être de longue durée.

Dira-t-on que nous exagérons les dangers politiques de cette absorption par l'État du commerce des transports ? Plût à Dieu qu'il en fût ainsi ! Mais tout nous prouve que nous n'exagérons pas ; on sait quelle a été, dans ces trois dernières années, et quelle est encore la fragilité des fonctions administratives dépendant de l'État, ou des départements, ou des municipalités. A chaque changement de majorité il y a un va-et-vient qui d'abord s'arrêtait aux régions supérieures ou moyennes, mais qui tend à descendre aux régions les plus basses. On sait qu'un fonctionnaire de l'État, grand, moyen ou petit, ne peut jamais être sûr

de poursuivre sa carrière pendant une longue série
d'années, ou que, pour y parvenir, il est obligé à
toutes sortes de compromis et de concessions. Plus
le gouvernement est représentatif et démocratique,
plus le danger s'accroît, parce que les changements
de majorité y sont plus fréquents. Au point de vue
politique, nous ne croyons pas qu'il soit possible de
réfuter la doctrine des progressistes allemands : toute
extension nouvelle et considérable du rôle de l'État
est menaçante pour la liberté.

Que dire du point de vue économique et financier ?
Ici, ce ne serait pas quelques paragraphes qui nous
suffiraient. Il faudrait de nombreuses pages. Nous y
reviendrons un jour : qu'on nous permette aujour-
d'hui seulement quelques observations. Chacun sait
quel est le coulage qui existe dans les administrations
de l'État ; nos députés eux-mêmes sont les premiers à
l'avouer. Lisez, par exemple, le discours de M. Farcy
sur la marine : il vous dira qu'il est impossible de
se procurer un état, même simplement approximatif, de notre matériel naval ; il vous parlera des obscu-
rités du fameux compte de liquidation ; il rappellera
que pour le vêtement des troupes il y a une dépense
de 10 millions que l'on n'a jamais pu justifier ; cela
s'applique à un temps récent et ressort d'un docu-

ment parlementaire ; il vous fera connaître l'augmentation incessante et superflue du personnel des administrations centrales ; il s'étendra sur l'insuffisance du contrôle de la Cour des comptes. Que toutes ces critiques soient un peu excessives, nous l'admettons ; mais au fond elles sont vraies, et de là vient cette augmentation annuelle de 20 ou 30 millions de dépenses pour les différents services. Eh bien ! les mêmes hommes qui constatent ainsi le coulage et le gaspillage dans les administrations de l'État n'hésitent pas à vouloir mettre tout le commerce de transport dans les mains de l'État. Quelle contradiction ! A notre budget ordinaire de 2 milliards 750 millions, à notre budget des dépenses sur ressources spéciales de 5 à 600 millions ; à notre budget des dépenses sur ressources extraordinaires, montant aussi à 500 millions de fr., on joindrait un quatrième budget, celui des chemins de fer, qui monterait à près de 1 milliard, qui bientôt même dépasserait ce chiffre. L'ensemble des budgets soumis aux Chambres approcherait ainsi de 5 milliards.

Quand un pays a une dette de 26 milliards de fr., comme la France, il n'a pas le droit de faire de semblables expériences. Que la Prusse s'y risque, c'est beaucoup d'audace de sa part, mais la Prusse n'a pas de dette ; la Prusse est un État presque autocratique où l'administration est singulièrement stable. Avant de se lancer dans des aventures, avant de tout désorganiser pour reconstituer à nouveau, que nos députés commencent par réduire notre dette au moyen des conversions, par alléger sérieusement nos impôts. Quand ils auront fait ainsi leurs preuves de capacité économique et financière, quand l'État aura suffisamment démontré qu'il est un bon et économe administrateur — et en France il a sur ce point beaucoup de gages à donner — alors peut-être on pourra aborder des problèmes de ce genre. Avouez, mon cher lecteur, que beaucoup de temps devra s'écouler avant que ces questions aient — pour nous servir du mot à la mode — de l'opportunité.

III

Le rachat des chemins de fer. — Les intérêts des actionnaires [1]

Il y a huit jours nous reprenions ici notre campagne, commencée il y a dix-huit mois, contre cette fatale idée du rachat des chemins de fer par l'État. C'étaient, dans ce premier article, uniquement les grands intérêts économiques et politiques de la société qui nous préoccupaient. Jamais nous n'admettrons qu'une extension aussi vaste du rôle de l'État, dans un pays où l'opinion publique est mobile, où les partis sont très-exclusifs et prompts à la curée, où les fonctions ont peu de stabilité, jamais nous n'admettrons qu'une extension aussi démesurée des attributions gouvernementales soit favorable à la liberté, à l'indépendance des citoyens.

---

1. Cette étude a paru dans l'*Économiste français* du 2 août 1879.

Laissons aujourd'hui ce terrain ; plaçons-nous à un point de vue plus restreint, celui des porteurs de titres. Quel est le sort que leur promet ou dont les menace la Commission législative qui a soulevé inopinément cette question du rachat de nos grandes lignes de chemins de fer? Est-ce un cadeau qu'elle va leur faire? Est-ce une perte qu'elle va leur imposer? Cette question mérite d'être examinée de près. Jusqu'ici nous n'avons pas en main des renseignements assez précis et assez récents pour déterminer en chiffres exacts la situation nouvelle qui serait faite dans ce projet à chaque Compagnie; nous pouvons néanmoins, dès maintenant, donner des indications utiles.

Le premier effet produit sur l'opinion publique par l'annonce qu'une commission parlementaire s'occupait du rachat des chemins de fer, ce premier effet a été subit et considérable. Dans la Bourse de lundi dernier les principales de ces actions fléchirent d'une manière notable : le Nord et l'Orléans d'une douzaine de francs, le Lyon de 7 fr. 50 c.; dans la Bourse suivante, celle du mardi, cette baisse redoubla et devint un véritable effondrement. Le Nord baissa de nouveau de 55 fr., l'Orléans de 47 fr. 50 c., le Lyon de 27 fr. 50 c., le Midi de 23 fr. 75 c., l'Est de 13 fr. 75 c., l'Ouest de 10 fr. Chose curieuse, les actions des Compagnies qui, comme nous allons le montrer tout à l'heure, auraient le plus à perdre au rachat (l'une d'elles serait complétement ruinée par le rachat dans les conditions où l'entend la Chambre) sont les actions qui ont le moins baissé. Au contraire, les actions des Compagnies pour lesquelles le rachat ne saurait s'exercer qu'en profitant à leurs actionnaires ont été le plus frappées, ce qui prouve que le public se laisse prendre à une panique et qu'il n'entend rien à ces questions. A la suite des actions de chemins de fer et entraînés par elles, tous nos fonds publics ont notablement fléchi.

Faisons une remarque qui est triste, mais nécessaire. C'est la deuxième fois depuis six mois que l'incurable légèreté de nos commissions législatives inflige au crédit public, au marché des valeurs mobilières les plus violentes secousses. Des Chambres prudentes et expérimentées n'agissent pas avec cette étourderie. Mais la Chambre actuelle n'est, dans les questions économiques, ni expérimentée, ni prudente ; nous avons eu bien des fois l'occasion de le dire, dans les questions économiques et financières, elle est simplement incompétente, tour à tour pusillanime, comme dans la question de la conversion ou des traités de commerce, et téméraire comme dans la question du rachat des voies ferrées. Toutes ces inconséquences nuisent singulièrement au crédit de la Chambre. Ajoutons que les députés, pris isolément, n'ont pas pour leur mandat tout le respect qu'ils devraient avoir ; beaucoup d'entre eux se précipitent avec ardeur vers les fonctions d'administrateur de Société anonyme. Nous écrivions, il y a juste deux ans, ici même, un article intitulé *Financiers et politiciens*, où nous condamnions sévèrement cette manie des membres de la Chambre. Le mal — et c'est un mal sérieux — s'est accru depuis lors. Il ne s'est pas fondé, depuis quelques années, une grande Société de banque, de travaux publics, d'assurance, qui ne contint dans son sein trois ou quatre députés ou sénateurs et quelque ancien ministre. Ajoutons qu'en général, ces députés, ces sénateurs, ou ces anciens ministres qui s'immiscent ainsi dans des Sociétés de spéculation ne sont pas, pour la plupart, qualifiés par leurs études et par leurs antécédents pour une semblable tâche. On les prend par ostentation, parce que leurs noms figurent avec quelque éclat dans des prospectus, ou bien encore parce qu'on recherche en eux quelque appui dans le Parlement. Ces honorables membres, avec la conscience la plus pure du monde, nous n'en

doulons pas, se fourvoient et se compromettent. Ils
compromettent en même temps le Parlement en leurs
personnes.

Cette digression était nécessaire ; il est singulièrement regrettable, nous le répétons, qu'à deux épo-
ques différentes des commissions législatives aient
donné inutilement au marché des valeurs mobilières
un violent ébranlement.

Revenons maintenant au sujet particulier de cet
article : supposons que malgré toutes les raisons d'ordre politique et économique qui s'opposent au rachat
des chemins de fer par l'État, la Chambre vote cette
grande mesure dans les conditions qui semblent
adoptées par sa commission ; supposons, en outre,
que le Sénat — ce qui pour le moment n'est pas ad-
missible — sanctionne un vote aussi imprudent :
quelles en seraient les conséquences pour les porteurs de titres⸴ nous cherchons l'effet produit à la
Bourse, dans les derniers huit jours, nous voyons
que les obligations des grandes lignes ont à peine
reculé de 4 ou 5 fr., ce qui est une baisse insigni-
fiante, quoique légèrement supérieure à celle de nos
fonds d'État dans le même laps de temps [1]. Le public

---

1. Cet article était écrit avant la bourse de mercredi, où

des obligataires a eu raison de ne pas trop s'émou-
voir ; le paiement des intérêts qui lui sont dus serait
à peu près aussi assuré après le rachat, qu'avant,
quoique, en ce qui nous concerne, nous trouvions
que la situation même des obligataires est meilleure
avant le rachat qu'elle ne le serait après : aujourd'hui
ils ont deux débiteurs, les Compagnies d'abord, puis
l'État qui est leur garant. Après le rachat ils n'auraient qu'un seul débiteur, l'État ; qu'un seul gage,
les ressources générales du budget ; on ne leur oc-
troiera pas, en effet, vraisemblablement de privilége sur
le réseau ; or, dans notre opinion, le rachat des chemins de fer compromettrait singulièrement les finances nationales et détruirait à bref délai l'équilibre de
nos budgets. Si nous étions obligataire, nous préfé-
rerions donc le *statu quo*, c'est-à-dire qu'il nous plai-
rait davantage de conserver deux débiteurs : la Compagnie d'abord, principal obligé, l'État ensuite, garant.

Si les cours des obligations n'ont été que médio-
crement affectés par l'annonce du projet de rachat,
on a vu plus haut qu'il n'en a pas été de même des

---

les obligations de chemins de fer ont éprouvé un perte assez
notable, qui, pour plusieurs d'entre elles, a été d'une dizaine de francs depuis l'annonce du rachat.

actions : celles-ci ont notablement faibli dans les
bourses de lundi et de mardi, mais dans des proportions très-inégales. Par un sentiment naturel, qui
procède de l'instinct, mais qui en cette occasion man-
quait de justesse, la panique s'est attaquée surtout
aux titres qui jouissaient de la plus haute prime au-
dessus des cours d'émission : ainsi les actions du
Nord, qui étaient cotées de 1.520 fr. à 1.525 fr., ont
perdu en deux bourses 65 fr.; l'Orléans, qui se cotait
1.215 fr., n'a pas perdu moins de 70 fr., si l'on com-
pare les plus hauts cours d'il y a quinze jours à celui
de clôture mardi dernier ; le Lyon, qui valait 1.175 fr.,
a fléchi de 35 fr. en deux jours ; le Midi, qui se cotait
au plus haut à 880 fr., n'a perdu que 25 fr. environ ;
l'Est, qui ne valait que 745 fr. avant le bruit de rachat,
n'a baissé que de 20 fr.; plus heureux, l'Ouest, qui
valait 790 fr. il y a une dizaine de jours, n'a subi qu'une
dépréciation de 15 fr., d'après son cours de clôture
mardi.

Eh bien! ces proportions prouvent que le public se
rend fort mal compte des effets que le rachat, dans les
conditions adoptées par la Commission législative,
aurait sur le sort des diverses Compagnies. Quoique
nous ne puissions pas encore nous livrer à des calculs
précis — que nous ferons un jour — dès maintenant il

nous est possible de dire qu'une des Compagnies serait presque totalement ruinée par le rachat, c'est
celle de l'Ouest. Nous ne croyons pas que les actions
de l'Ouest pussent, après le rachat, dans les termes
qu'admet la Commission, valoir plus de 300 ou 350 fr.;
elles perdraient au moins la moitié, peut-être les deux
tiers de leur valeur; ce serait pour elles une ruine
presque absolue. Ajoutons que le mode de rachat
adopté par la Commission est peut-être conforme au
texte des conventions, mais qu'il est contraire à leur
esprit et qu'il constituerait le comble... de l'injustice.
Il est même possible que nous exagérions en disant
qu'après le rachat les actions de l'Ouest vaudraient
300 ou 350 fr.; il se pourrait qu'elles ne valussent absolument rien, qu'elles ne rapportassent pas un cen-
time et qu'elles dussent rejoindre les actions des Charentes; en tout cas, il n'est pas douteux qu'elles ne
dussent perdre la moitié, tout au moins le tiers de
leur valeur actuelle. Après l'Ouest, la Compagnie qui
serait la plus touchée, mais dans des proportions
beaucoup moindres, ce serait l'Est. Nous croyons que
la valeur des actions de cette Compagnie serait aussi
atteinte, mais nous ne pouvons aujourd'hui déterminer dans quelle mesure. L'Orléans viendrait après : le
rachat enlèverait vraisemblablement à ses actions une

certaine part de leur revenu, 2 ou 3 fr., peut-être 4
ou 5; mais, comme compensation, la capitalisation de
ce revenu, devenu désormais une annuité fixe sur
l'État, se ferait à un taux plus avantageux pour les
actionnaires, de sorte que ceux-ci, s'ils perdaient
quelque chose en revenu, gagneraient quelque chose
en capital. La Compagnie du Midi serait dans une
situation analogue, un peu plus favorable toutefois ;
nous croyons que les actionnaires de cette ligne gagneraient plutôt au rachat qu'ils n'y perdraient. Quant
aux actions du Nord et du Lyon — il n'y a sur ce
point aucun doute — le rachat, opéré actuellement et
dans les termes qu'admet la Commission, leur serait
très-avantageux ; elles y gagneraient en revenu et encore plus en capital; la plus-value pour ces titres serait sans doute de plusieurs centaines de francs. Que
les actionnaires du Lyon et du Nord ne se félicitent
pas, cependant, outre mesure ; car il est certain que,
dans ces conditions, on ne les rachètera pas, l'État y
perdrait trop. Il est à craindre, au contraire, que par
un système prémédité d'avanies, de tracasseries et
de charges, l'État ne s'efforce de déprécier ces chemins afin de les racheter plus avantageusement.
Comme le disait, dans un entretien familier, un membre important de la Chambre, ou voudrait arriver à

faire jouer pour les Compagnies du Nord et de Lyon
le système de la garantie d'intérêts. L'État français
semble vouloir se conduire vis-à-vis des chemins de
fer comme l'a fait l'État italien, comme le fait l'État
espagnol.

Quels sont les motifs qui nous ont fait dire que,
dans les combinaisons actuelles de rachat, les actionnaires de l'Ouest seraient ruinés ou à peu près ; que
ceux de l'Est perdraient vraisemblablement ; que la
situation des actionnaires de l'Orléans et du Midi ne
serait pas sensiblement affectée ; que celle des actionnaires du Lyon et du Nord deviendrait, au contraire,
si le rachat était immédiat, singulièrement favorable ?
Ce motif, le voici : d'après les conditions de rachat qui
sont adoptées par la Commission, quand une Compagnie de chemin de fer a reçu de l'État beaucoup
d'avances à titre de garantie d'intérêt, quand ces
avances dépassent la valeur de son matériel, quand,
d'ailleurs, cette Compagnie recourt chaque année
considérablement à la garantie de l'État pour le ser-
vice de ses obligations, on peut être sûr que le rachat
ruinera les actionnaires de cette Compagnie. Au contraire, quand il s'agit d'une Compagnie comme le
Lyon ou le Nord, qui n'a jamais recouru à la garantie
de l'État, le rachat lui sera très-favorable, parce que

l'État devra lui servir une annuité équivalant à son revenu annuel, et qu'en outre il devra lui racheter, à dire d'expert, son matériel. Dans ces conditions, la Compagnie bénéficiera de toute la valeur de ce matériel, elle pourra distribuer cette valeur à ses actionnaires qui percevront en outre une annuité sur l'État égale à la moyenne de leur revenu pendant les sept dernières années : voilà pourquoi le rachat immédiat enrichirait les actionnaires du Nord et du Lyon et ruinerait ceux de l'Ouest.

Ce qui a transpiré du rapport de M. Wilson sur le rachat immédiat de l'Orléans est la démonstration de ce que nous venons de dire. Les lignes de la Compagnie sont divisées en deux catégories : celles qui ont plus de quinze ans d'exploitation [1] et celles qui ont moins de quinze ans : pour les premières, le rachat s'opère moyennant une annuité égale au montant du revenu moyen pendant les dernières années, annuité qui a la même durée que la concession ; pour les lignes de la seconde catégorie, le rachat s'opère moyennant un capital égal aux frais de premier établisse-

---

1. L'analyse très-succincte du rapport de M. Wilson, que nous trouvons dans le *Temps*, dit quinze ans de *concession;* cela aggraverait singulièrement la situation des Compagnies, mais nous croyons qu'il s'agit de quinze ans d'exploitation.

ment ; enfin, il est fait compensation des sommes dues
par la Compagnie à l'État pour les avances faites à la
Compagnie à titre de garantie d'intérêts, et des sommes que l'État doit à la Compagnie pour le prix du
matériel ; quand ces deux sommes s'équilibrent,
comme c'est le cas pour l'Orléans (il ne s'en faut que
de 1.270.000 fr.), la situation est facile, les deux
sommes s'annulant l'une l'autre ; quand, au contraire,
la Compagnie doit beaucoup plus à l'État, pour les
avances faites à titre de garanties d'intérêt, que ne
vaut le matériel qu'elle possède, — ce qui est le cas
de l'Ouest, — alors l'État retient la différence sur le
prix des lignes ayant moins de quinze ans d'exploitation, ou même sur l'annuité qu'il sert pour les lignes
ayant plus de quinze ans d'exploitation ; et voilà pourquoi une Compagnie peut se trouver absolument ruinée par ce mode de rachat ; c'est, nous le répétons,
ce qui arriverait probablement à l'Ouest.

D'après ce que l'on sait du rapport de M. Wilson,
l'État paierait à la Compagnie d'Orléans : 1° pour les
lignes ayant plus de quinze ans d'exploitation, une
annuité de 80.105.000 fr., devant durer jusqu'en 1956;
on ajoute que cette annuité est, dès à présent, couverte par les produits de la Compagnie ; 2° pour le
prix d'établissement des lignes ayant moins de quinze

ans et pour le chemin de fer de Petite-Ceinture, un capital de **69.234.000 fr.** une fois payé. Quant au matériel d'exploitation, il vaut **216** millions et demi de francs, mais d'autre part il est totalement absorbé par la créance de l'État sur la Compagnie, du chef de la garantie d'intérêts. Cette créance de l'État, en effet, en capital et avec les intérêts à 4 0/0, monte à **217.670,000 fr.**; d'où il résulte que la Compagnie d'Orléans devrait de ce chef **1.270.000 fr.** à l'État.

En ce qui concerne la Compagnie d'Orléans, cette combinaison ne serait pas désastreuse, quoique nous pensions que la Compagnie dût y perdre quelque chose en revenu; néanmoins avec les produits de son domaine particulier et de ses réserves, il nous semble qu'elle ne perdrait que quelques francs de revenu par action, au maximum 5 ou 6 fr.

Le fait caractéristique de ce système de rachat, c'est la liquidation immédiate du compte de garanties d'intérêt. On sait que les avances faites par l'État à titre de garanties d'intérêt portent, au profit de l'État, un intérêt de 4 0/0 et sont remboursables sur les premiers excédants des lignes de la Compagnie, et, au pis aller, sur la valeur du matériel de la Compagnie à l'expiration de la concession. Ces avances qui ne doivent pas durer plus de 50 ans, ne sont donc pas un don gratuit, comme le croit naïvement le public. Nous avons soutenu plusieurs fois ici que le public se trompait absolument sur le caractère de la garantie d'intérêt. Ce système, qu'il croit avantageux aux Compagnies, leur est, au contraire, fort préjudiciable ; il les ruinera à la longue ; seulement, dans l'esprit des contrats primitifs, cette ruine ne devait arriver pour les Compagnies qu'à l'expiration des concessions, par la perte complète de leur matériel, pour les Compagnies du moins qui ont reçu beaucoup d'avances de ce genre. Si, sous prétexte de rachat, l'État peut liquider dès maintenant le compte de garantie d'intérêt des Compagnies, une d'entre elles sera tout à fait ruinée, celle de l'Ouest ; d'autres seront plus ou moins affectées.

Ajoutons que ces procédés, en admettant qu'ils ne violent pas ouvertement le texte des conventions, seraient néanmoins d'une monstrueuse iniquité. Un État qui se respecte, qui tient à sa réputation de loyauté, n'y doit pas recourir.

Nous avons voulu aujourd'hui, à la suite de la panique qui a si fort déprécié, au commencement de cette semaine, les actions des Compagnies de chemins de fer, nous avons voulu rechercher d'une façon approximative les résultats du projet qui a la faveur de la Commission de la Chambre. La panique du public est, en définitive, bien fondée, non pas peut-être pour les actions du Nord et du Lyon, ni même pour celles de l'Orléans et du Midi, mais à coup sûr pour celles de l'Ouest.

Il nous paraît, d'ailleurs, à peu près certain que le projet de rachat des chemins de fer n'a pas de chance sérieuse de prévaloir actuellement dans les deux Chambres. Il n'en est pas moins regrettable que l'activité étourdie et brouillonne de quelques députés aille à la légère soulever de pareilles questions. Il faudrait une témérité sans égale, dans l'état actuel de nos finances, pour se lancer dans une semblable aventure : mais il y a des hommes qui se plaisent dans les entreprises téméraires, surtout quand personnellement ils ne souffriraient pas de leur échec.

L'ÉCONOMISTE FRANÇAIS

JOURNAL HEBDOMADAIRE

PARAISSANT LE SAMEDI

Rédacteur en chef:

M. PAUL LEROY-BEAULIEU, membre de l'Institut.

Principaux Collaborateurs : MM. E. Levasseur, membre de l'Institut, Ozenne, ancien secrétaire général du ministère du commerce, Cour-
celle-Seneuil, conseiller d'Etat, Bérard-Varagnac, maitre des requêtes
au Conseil d'État, Arthur Mangin, Maurice Block, Clément Juglar.
De Malarce, De Fontpertuis, De Neumann-Spallart, Toussaint Loua,
R. Delorme, Jacques Valserres, H. Dameth, Ch. Grad.

Bureaux : 35, rue Bergère, à Paris.

PRIX D'ABONNEMENT : PARIS ET DÉPARTEMENTS, 40 FR. PAR AN ;
20 FR. POUR SIX MOIS. — (POUR L'ÉTRANGER, LE PORT EN SUS.)

*On peut s'abonner, soit directement au bureau du journal, soit, sans
augmentation de frais, dans chaque bureau de poste, ainsi que dans
toutes les agences, en province, de la Société Générale de Paris.*

L'*Economiste Français*, fondé il y a sept ans, traite toutes les questions
qui se rattachent à l'administration, aux finances, aux impôts, au régime
industriel, à la législation commerciale, aux traités de commerce, aux travaux publics, à l'éducation et au mouvement social.

Ce journal, qui compte parmi ses collaborateurs des membres de l'Institut,
des sénateurs, des députés, des conseillers d'Etat et des membres des chambres de commerce, reçoit des correspondances particulières d'Angleterre,
d'Allemagne, d'Autriche-Hongrie, d'Italie, de Russie, d'Egypte, de Turquie,
des deux Amériques et de l'extrême Orient.

L'*Economiste Français* donne une particulière importance à l'étude du
mouvement économique aux Etats-Unis, dont les progrès préoccupent actuellement les sociétés européennes. Il est le seul journal où l'on puisse suivre
le développement industriel et agricole de l'Amérique.

Il analyse et examine tous les documents législatifs et administratifs
français, et les plus intéressantes publications officielles ou parlementaires

de l'étranger ; il publie un résumé hebdomadaire des nouvelles d'outre-mer Il est ainsi le centre d'informations le plus complet du continent européen sur les questions économiques et sociales du monde entier.

L'Economiste Français se divise en trois parties : une partie économique, une partie commerciale et une partie financière.

Dans la première sont traitées toutes les questions économiques d'un caractère général, au fur et à mesure qu'elles ont de l'actualité.

La partie commerciale comprend une revue d'ensemble, des correspondances particulières des principales villes maritimes, industrielles et commerciales de France et de l'étranger, l'analyse des circulaires des grandes maisons de commerce, de nombreuses statistiques et les prix courants des marchandises et des denrées.

La partie financière de *l'Economiste Français* est l'objet d'un soin tout particulier. Dans ce moment, où il n'existe guère de journaux financiers qui ne soient sous la dépendance de quelque maison de banque et qui ne donnent à leurs lecteurs que des conseils intéressés, *l'Economiste Français*, grâce à son prix élevé, à la compétence bien connue et à l'impartialité incontestable de son directeur et de ses rédacteurs, offre presque seul aux capitalistes des renseignements complets et sincères qui soient de nature à leur servir de guides. N'étant engagé dans aucune affaire et les étudiant toutes avec la seule préoccupation de découvrir et de propager la vérité, il s'est fait par cette indépendance une position exceptionnelle.

Les collections de *l'Economiste Français* sont un répertoire indispensable pour les hommes qui suivent le mouvement économique, administratif et financier.

Chaque numéro hebdomadaire de *l'Economiste Français* contient la matière d'un demi-volume in-octavo. Les collections de ce journal, dont l'usage est facilité par des tables analytiques semestrielles faites avec le plus grand soin, sont le plus riche et le plus sûr répertoire des faits économiques et financiers.

Depuis sept ans qu'il existe, *l'Economiste Français* s'est acquis une autorité considérable dans toutes les questions de son vaste domaine. Il est constamment cité par la presse nationale et étrangère ; il l'a même été plusieurs fois avec éloge à la tribune du Sénat et de la Chambre des députés.

— — — — —

L'Economiste Français forme, chaque année, deux volumes semestriels de 832 pages, chacun avec une table analytique et alphabétique des matières.

Chacune des années 1874, 1875, 1876, 1877, 1878 et 1879 est encore livrée au prix ordinaire des abonnements.

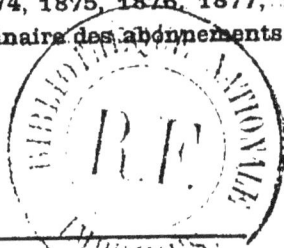

Paris. — Typ. F. Debons et Cie, 16, rue du Croissant.